Парамаханса Йогананда
(1893–1952)

Духовное супружество

Брат Анандамой

Серия «Искусство жить»

Неформальные лекции и эссе, публикуемые в серии «Искусство жить» (*"How-to-Live" Series*), впервые появились в журнале *Self-Realization*, издаваемом обществом Self-Realization Fellowship. Подобные материалы также содержатся в различных сборниках и аудио- и видеозаписях SRF. Серия «Искусство жить» была создана по многочисленным просьбам наших читателей, желавших иметь под рукой карманные брошюры, освещающие различные аспекты учений Парамахансы Йогананды. Данная серия публикаций содержит духовные наставления Шри Йогананды и его ближайших учеников, монахов и монахинь ордена Self-Realization Fellowship, многие из которых долгие годы обучались у признанного во всем мире духовного учителя. Время от времени эта серия пополняется новыми публикациями.

Название англоязычного оригинала, издаваемого
обществом Self-Realization Fellowship, Лос-Анджелес, Калифорния:
Spiritual Marriage

ISBN: 978-0-87612-371-3

Перевод на русский язык: Self-Realization Fellowship

Copyright © 2025 Self-Realization Fellowship

Все права защищены. Без предварительного разрешения Self-Realization Fellowship перепечатка (за исключением кратких цитат для рецензий) и распространение книги «Духовное супружество» (*Spiritual Marriage*) в любой форме — электронной, механической или любой другой, существующей сегодня или в будущем, включая фотокопирование, звуковую запись или хранение ее в информационных и принимающих системах — является нарушением авторских прав и преследуется по закону. За справками обращайтесь по адресу: Self-Realization Fellowship, 3880 San Rafael Avenue, Los Angeles, California 90065-3219, USA

 Авторизовано Международным издательским советом Self-Realization Fellowship

Название общества *Self-Realization Fellowship* и его эмблема, помещенная выше, присутствуют на всех книгах, аудио- и видеозаписях, а также других публикациях SRF, удостоверяя читателя, что он имеет дело с материалами организации, которая основана Парамахансой Йоганандой и передает его учения точно и достоверно.

Первое издание на русском языке, 2025
First edition in Russian, 2025
Издание 2025 года
This printing 2025

ISBN: 978-1-68568-282-8

5063-J8895

— ✧ —

*Существует Сила, способная осветить
ваш путь к здоровью, счастью,
покою и успеху. Вам нужно лишь
обратиться лицом к этому Свету.*

— Парамаханса Йогананда

— ✧ —

Духовное супружество

Брат Анандамой

Выдержки из лекции, прочитанной на ежегодной Ассамблее Self-Realization Fellowship[1], Лос-Анджелес, 5 июля 1977 года

Я убежден, что проблемы в браке возникают по большей части оттого, что пары не в полной мере осознают значение супружества и не наблюдают глубокой связи между семейным союзом и духовным путем. В своем выступлении я буду опираться на учения Парамахансы Йогананды — не только на печатные труды и лекции Гуру[2], но и на советы, которые мне посчастливилось услышать, когда он консультировал женатые пары в моем присутствии.

Базовые принципы брака

Перво-наперво я бы хотел осветить ключевые аспекты этой темы. Мастер [Парамаханса Йогананда] объяснял, что Единый — то есть Бог — сделался Множеством, дабы разыграть Свой спектакль, и теперь Он стремится вернуть Множество в изначальное состояние Единого Целого. Таков основополагающий принцип вселенского

---

[1] Букв. «Содружество Самореализации»; произносится как [сэлф риализэйшн феллоушип]; сокр. SRF [эс-эр-эф]. Парамаханса Йогананда объяснил, что название общества означает «союз с Богом через Самореализацию (осознание своего истинного „Я") и братскую дружбу со всеми искателями Истины».

[2] См. глоссарий.

спектакля. В этом свете желание людей заключить союз представляется не просто неким ограниченным человеческим инстинктом, а универсальной силой. Именно космическая сила притяжения, сила любви, которой наделены живые создания, влечет все сущее обратно в Единое Сознание.

Мастер часто приводил следующую аналогию. Посредством шторма иллюзии[3] океан Духа «поднял волны» всех сотворенных объектов — в данном случае, речь идет о людях. Волны, в свою очередь, желают вновь обрести единство с океаном. Здесь важно понимать, что волна не стремится соединиться с другой волной, конечная ее цель — слиться с океаном. Это ни в коем случае не ограничивает и не умаляет значимость брака. Если относиться к супружеству надлежащим образом, оно становится весьма важной фазой в процессе воссоединения с океаном Духа. Как бы то ни было, многие люди лелеют неверные ожидания в отношении партнера, требуя от того совершенства и полного удовлетворения своих чаяний — а такое можно обрести только в океане Божьего сознания[4].

---

[3] Имеется в виду *майя*, космическая иллюзия, посредством которой Единая Бесконечность представляется разделенной на множество составляющих. См. глоссарий.

[4] «Мы волны человеческого сознания, вздымающиеся из океана Его сознания. Единственный способ искоренения людских недостатков заключается в единении временно изолированного человеческого сознания с безграничным Божьим сознанием». — Парамаханса Йогананда. *Уроки Self-Realization Fellowship.*

[Президент Self-Realization Fellowship] Шри Дайя Мата часто говорила: «Это нереалистично, это нечестно ожидать или требовать совершенства от другого человека, ежели мы сами несовершенны». Такой подход загоняет партнера в угол, не правда ли? Она также говорила: «Мы не должны ожидать чего-либо от окружающих — а вот от себя мы должны ожидать многого». Просто представьте себе союз двух людей, исповедующих такой подход: они ничего не ожидают друг от друга, зато многого ожидают от себя. Такой брак зиждется на духе дарения. Поразмыслите над этим.

Помогайте друг другу развивать врожденные божественные качества

Мастер акцентировал внимание и на другом фундаментальном принципе духовного брака. Посредством закона относительности Бог разделил Себя на мужчину и женщину. Будучи сотворены по Его образу и подобию, мужчина и женщина оказались равны, поэтому Он наделил поверхностными отличиями их тела и умы — даже эмоции и склад ума как таковой. Бог обеспечил сию физиологическую и психологическую несходность с тем, чтобы мужчина и женщина обладали определенными отличительными особенностями. Идеальный духовный союз между ними формируется тогда, когда мужчина раскрывает в женщине потаенную рассудительность, а женщина, в свою очередь, помогает мужчине раскрыть его потаенное чувство. Под этим Мастер вовсе не подразумевал, что женщины глупые, а мужчины бесчувственные: по его утверждению, преобразовавшие себя мужчины и женщины помогают друг другу развить совершенную рассудительность и совершенное чувство — а это чистые божественные качества.

Что это означает? На первых порах разум человека не отмечен чистотой. Он находится на более низком уровне и базируется на чувственных ощущениях. Совершенная рассудительность исходит не просто от ума — это более возвышенное качество, а именно мудрость, что исходит от души. Аналогично этому, на первых порах чувство также не является чистым: оно содержит примеси эмоций. Как пишет Мастер в «Автобиографии йога», такова главная духовная ценность супружества. Он цитирует [своего Гуру] Свами Шри Юктешвара: «Личная задача каждого человека состоит в том, чтобы восстановить в себе гармонию единства, или Эдем». Шри Юктешварджи[5] имеет в виду, что мужчина и женщина, руководствующиеся таким подходом в браке, помогают друг другу развить совершенную рассудительность, или мудрость, и совершенное чувство, или любовь.

---

5 *-джи* — составная часть имени или духовного титула в Индии, обозначающая уважительное отношение.

В другом месте Парамахансаджи говорит нам, что по достижении этой цели мужчина и женщина обретают освобождение: поначалу они достигают единения друг с другом, а затем — сливаются с Богом. В этом-то и состоит смысл супружества. Если посмотреть на брак под таким углом, станет очевидно: подобные отношения должны базироваться именно на божественной дружбе, что подразумевает безусловную любовь и верность. Без ничем не обусловленной взаимной преданности брак не может быть браком, в противном случае утрачивается его истинная суть. Сие учение принес нам Мастер, и оно уходит корнями в просветленную эпоху[6].

Брак — равноправное партнерство

Таким образом, брак — равноправное партнерство. Эта концепция не нова, и клятвы, написанные Мастером для церемоний бракосочетания в Self-Realization Fellowship, отражают этот идеал божественной дружбы между двумя равноправными партнерами. Их внешние роли могут разниться, но при этом они стремятся помочь друг другу усовершенствовать чистые божественные качества, что, в свою очередь, готовит их к слиянию с Богом.

---

6 Согласно индуистским писаниям, эволюционное развитие жизни на этой планете циклично. Цивилизация проходит через сменяющие друг друга «приливы и отливы». Сказания о Золотом веке, отмеченном выдающимися достижениями человечества, вполне соответствуют эволюционной концепции, которую Шри Юктешвар раскрыл в своей книге *The Holy Science*. — *Прим. изд.*

Давайте теперь окинем взглядом брак как таковой. Вот выдержка из прочитанной мною статьи:

«Группа социологов провела серию исследований, чтобы определить, насколько хорошо мужья и жены знают друг друга даже в незначительных мелочах. В рамках определенного испытания супругов пригласили в разные комнаты — мужчин в одну, женщин в другую — и продемонстрировали им даримые предметы: перчатки, шарфы, ремни, портмоне и так далее. Каждого из испытуемых спросили, какой из подарков могла бы пожелать их половинка. Ни одна пара не смогла угадать предпочтения своего партнера». Ни одна! О какой божественной дружбе и безусловном единении может идти речь? Ведь это демонстрирует, что они не предпринимают даже поверхностных попыток понять человека, упуская из виду саму суть брака.

Далее статья говорит: «Несмотря на аргументы некоторых феминисток, между мужчинами и женщинами существуют фундаментальные отличия. Ни один мужчина не поймет, каково это — быть беременной и кормить ребенка грудью. Женщины ежемесячно подвергаются воздействию раздражителей, не знакомых мужскому телу. Мужчина никогда не сможет в полной мере понять, каким образом внутренний календарь женщины оказывает воздействие на ее настроение и реакции. Один пол наблюдает за противоположным со своей колокольни, построенной из многообразных чувств и ощущений.

Брат Анандамой

Хотя ни один из полов не может доступным образом описать эти чувства и ощущения противоположному полу (а большинство мужей и жен даже не подозревают об их существовании), каждый из партнеров ощущает себя обманутым, когда другой не понимает настроения или поступка, вызванных одним из этих фундаментальных различий. Каким бы сильным ни было стремление к безоговорочному взаимопониманию, оба пола посылают только те сигналы, которые способны отправить, и получают только те сигналы, на которые настроены. Посему женщина, пребывающая в подавленном настроении на фоне предменструального синдрома, чувствует себя раздраженной и одинокой, когда ее муж, от которого она ожидает проявления заботы, велит ей „не устраивать шоу", потому что не понимает причин ее расстройства. Ввиду имеющихся различий между „передатчиком" и „приемником" сообщения — что предсказуемо — часто остаются незамеченными»[7].

Таково описание рядового брака — но не духовного. Те социологи не знают, что мужчина и женщина способны понимать друг друга не на уровне интеллекта, а на уровне интуиции — всеведения души. Они могут протягивать руку духовной помощи, стараясь глубоко понять и прочувствовать человека. Кроме того, они не знают, что каждая женщина уже бесчисленное множество

---

[7] Джесси Бернард и Норман М. Лопсенц. Почему мужья и жены остаются незнакомцами. Выпуск журнала *Reader's Digest* за февраль 1968 года.

раз рождалась мужчиной, а каждый мужчина несметное количество прошлых жизней был женщиной[8].

Я вовсе не имею в виду, что все мы должны непременно выяснить, кем были в прошлых инкарнациях. Но эссенциальный опыт и знания прошлых жизней уже прячутся внутри, за нашим сознанием. Благодаря интуиции это знание выступает на поверхность. Такое знание, такое чувство относительно натуры того или иного человека может возникнуть только благодаря отношениям, основанным на обязательстве о безусловной верности и любви.

Постарайтесь наладить контакт друг с другом

На развитие такой интуиции требуется время. Что вы собираетесь делать в это время? Постарайтесь наладить общение. Поговорите. Не стоит ожидать, что партнер будет читать ваши мысли.

Как-то раз одна барышня решила позавтракать в гостиничном кафе, и когда она попросила у официанта счет, тот ответил:

— Я включил ваш завтрак в чек сударя, сидевшего рядом с вами.

— Да как вы могли?! — вспыхнула она. — Мне не доводилось видеть его прежде, и я даже имени его не знаю!

---

8 См. *реинкарнация* в глоссарии.

— Прошу прощения. Я принял вас за женатую пару, поскольку вы не общались друг с другом.

Довольно грустно! Изучив отношения сорока тысяч женатых пар, психолог из Нью-Йорка выяснила, что в среднем они общаются двадцать семь минут в неделю!

Прочные и сокровенные на внутреннем уровне браки не нуждаются в большом количестве слов. Достаточно одного взгляда или жеста, чтобы близкий человек тебя понял. Однако для достижения такого результата необходимо прилагать усилия. Большинство людей не говорят по душам, не копают глубже. Посему общайтесь друг с другом: не нужно полагать, что ваш супруг или супруга знает, что у вас на уме. Кроме того, не замыкайтесь в себе и не обижайтесь просто потому, что ваш партнер не считывает ваши чувства. Он или она может не ведать, что у вас на душе — да и откуда им знать? Надобно общаться, налаживать контакт. Бог наделил нас устами в том числе и по этой причине!

Проявляйте нежность к своей половинке

На днях я натолкнулся на такую историю. Подходит как-то одна дама к своему супругу и говорит: «Знаешь, я бы хотела, чтобы ты проявлял ко мне больше нежности. Например, приходя домой с работы, ты можешь одаривать меня поцелуем». Муж прислушался к ее требованию, и на следующий день он, вернувшись домой из офиса, ее поцеловал. «Нет, — сказала жена,

— этого недостаточно». «Хорошо, как долго он должен продолжаться?» — поинтересовался ее благоверный. «Восемь секунд», — ответила она.

И это сработало! Их сблизила такая маленькая деталь, они превратили сие действо в игру. Иной раз он приходил с работы уставшим, говоря: «У меня был ужасный день — сегодня обойдемся шестью секундами», а иногда отвечал и так: «У меня был изумительный день — сегодня продлим поцелуй до десяти секунд».

Данная история служит иллюстрацией к другому принципу: проявляйте нежность к своей половинке. Супруги не должны принимать любовь партнера как должное.

То же касается и детей. В этой стране они получают всевозможные материальные блага: игрушки, деньги, машины — но многие из них не получают любви. Я видел, сколь трагично заканчивается такое пренебрежение. Для ребенка любовь важнее всех игрушек и денег на свете. В очень бедных странах детям зачастую дарят внимание и заботу, а вовсе не дорогие игрушки — и при этом они вырастают здоровыми, сбалансированными индивидуумами. В нашем же обществе некоторые дети из обеспеченных семей удовлетворяют свои материальные прихоти за счет родителей, но не получают от них достаточно любви, вследствие чего вырастают эмоционально искалеченными. В разговоре со мной люди неоднократно рассказывали: «А вот мне не дарили любовь; я хотел проявлять ее сам, но не мог: натыкался на „заслоны"». И это трагично! Многие люди становятся преступниками из-за отсутствия домашней дисциплины и недостатка любви. Таким болезненным способом они ищут признания в обществе. Нехватка любви выражается в эмоциональных расстройствах. Детей нужно любить и лелеять, заботиться о них. Выражение любви важнее всего остального.

Посему мужья должны помнить: поскольку женщины по большей части ведомы чувством, необходимо проявлять к ним нежность. Ежели, ввиду некой скованности, вы не можете демонстрировать свои чувства открыто, признайтесь хотя бы в этом! Скажите ей: «Я бы хотел выразить свои чувства, но не могу». Ваша супруга увидит, что вы пытаетесь ей открыться, и ответит соответственно.

Физический аспект брака

Некоторые люди полагают, что единственный способ продемонстрировать партнеру свое обожание — это секс. Поэтому я хотел бы обсудить следующий аспект брака — физический. Во многих случаях — и я почерпнул это из консультаций Мастера — счастье в браке напрямую зависит от отношения к этому аспекту. Мастер настаивал на умеренности и смещении акцента на любовь как таковую. Он отмечал: «Если любовь в браке не проявляется возвышенным образом, она быстро угасает. Без магнетической силы божественной любви женатые пары со временем теряют друг к другу интерес и уважение, из-за чего брак близится к распаду. Сексуальности, интеллектуальности, красоты, денег, культурности и личного обаяния недостаточно для счастливого союза: необходима божественная любовь. Каждый женатый мужчина и каждая замужняя женщина ищет совершенной любви в партнере, но ее не обрести без проявления божественной любви обеими сторонами — в каждом мотиве, действии и жизненной амбиции».

Кроме того, он говорил: «Первостепенным критерием счастливого брака является единение душ — то есть схожесть духовных целей и идеалов, — подкрепленное практической готовностью достичь этих целей путем обучения, усилий и самодисциплины, — и это включает медитацию. Вторым критерием выступает схожесть интересов: интеллектуальных, общественных и так далее. Третьим критерием — последним по значимости, хотя непросветленные люди зачастую придают ему самое большое значение — является физическая привлекательность. Это скрепляющее звено быстро теряет свою силу при отсутствии первых двух».

Почему так происходит? Все очень просто. Человек есть душа. Ранее мы говорили об индивидуальных волнах людей, берущих начало в океане Божьего сознания. Когда мы говорим о волне, можно предположить, что речь идет о теле; и все же это не так — пусть мы и уделяем ему много внимания. Знаете ли вы, с чем Мастер сравнивал тело в своей аналогии с волной и океаном? Он говорил, что тело лишь пена на поверхности волны. Реальная сущность человека — *внутренние* инструменты и душа. Такова сущность волны.

Душа покрыта различными инструментами; она подобна лампочке под слоем из нескольких абажуров, насаженных друг на друга. Тело — внешний «абажур». Так вот, если два человека — или, возвращаясь к аналогии, две лампочки, накрытые абажурами — встретятся друг с другом, что первоначально попадет в поле зрения? Внешний абажур. Конечно, это не самая прямолинейная иллюстрация, но своей цели она служит. При первой встрече формируется некая физическая и эмоциональная связь, и большинство людей движется в этой колее. Такое нельзя назвать браком. Дабы выполнить свою истинную задачу, супружество должно быть союзом на более глубоком уровне — движением в сторону единения душ.

Что такое «умеренность»?

Перейдем к серьезному вопросу: что такое «умеренность»? Ответ весьма прост. Здесь нет каких-то *внешних* правил, поскольку потребности разнятся от человека к человеку, но есть одно *внутреннее* правило, которое работает с математической точностью. Этим правилом мы руководствуемся на церемониях бракосочетания [в Self-Realization Fellowship]. Когда жених и невеста обмениваются розами, символом их любви, они говорят друг другу: «Я преподношу тебе эту розу как символ моей к тебе любви — любви, которую я до конца своей жизни буду выражать добротой, уважением, верой и доверием тебе». Таково правило, поскольку, если в браке придерживаться умеренности, то божественные качества — доброта, уважение, доверие и вера — сохраняются. Эти качества суть проявления божественной, безусловной дружбы, а также безоговорочной лояльности. Если же пара строит отношения преимущественно на физическом плане, эти духовные качества растворяются и брак превращается в фарс, что мы довольно часто и наблюдаем.

По какой причине злоупотребление сексом приводит к таким последствиям? Мужчина, как правило, более агрессивен в сексуальном плане, однако биологически и сексуально он все же слабее женщины. Почему? Во время полового акта оба партнера растрачивают много энергии, но мужскому организму опосля приходится еще и восстанавливать запасы семени. Сперматозоиды не являются обычными клетками: их задача — строить новую жизнь. На формирование новых сперматозоидов требуется колоссальное количество энергии, и природа сделает все, чтобы их воссоздать, даже в ущерб жизненно важным ресурсам в мужском теле. Если беременная женщина не будет должным образом обеспечивать питательными веществами свое тело и растущий в нем плод, природа будет изымать необходимые ребенку ресурсы из тела самой матери. Любой врач и любой стоматолог вам это подтвердит. Нечто похожее происходит и с мужчиной. Из-за злоупотребления сексом у него сдают нервы, он становится вспыльчивым, раздражительным и агрессивным. Демонстрация силы заложена в мужчине природой, однако в дисциплинированном мужчине эта сила проявляется в виде саттвичных (возвышенных) качеств: спокойствие, понимание, верность, вежливость и так далее. Своевольный мужчина тоже демонстрирует силу, однако она имеет ложный характер, ибо проявляется в виде тамасичных (темных) качеств — иначе говоря, в форме брутальности.

Доброта — первое божественное качество

Возвращаясь к теме четырех божественных качеств, отмечу, что доброта — первое из них. Возьмем такой жизненный пример: муж возвращается с работы. Там ему приходится проявлять самодисциплину и учтивость, иначе он лишится своей должности. Во многих случаях он приходит домой напряженным, раздраженным, непокладистым и переполненным гневом, в результате чего срывается на своей жене. Добротой и обходительностью это не назовешь.

То же самое относится и жене. Предположим, она с трудом справляется с детьми дома. Некоторые женщины ждут не дождутся, когда супруг вернется с работы, чтобы обрушить накопившееся раздражение и весь свой эмоциональный груз на него; а если он возвращается из отпуска только ради такого, чтобы лицезреть такое? Это не брак.

С данной проблемой можно справиться иначе. Дабы снять напряжение, обязательно прерывайтесь на отдых: играйте, занимайтесь спортом и так далее. А по возвращении домой проявляйте друг к другу чуткость. Один господин мне как-то поведал: «Я никогда не приношу свои проблемы домой». Такой подход может быть основан только на истинной, бескорыстной, глубокой дружбе, в которой каждый партнер проявляет эмпатию и понимает, что день у обоих выдался непростой, и эта «битва за выживание» оставила свои психологические шрамы. Разве это не более логично — помогать партнеру и относиться к нему или к ней как к другу? Вместо того чтобы сыпать соль на рану, постарайтесь ее исцелить, даря воодушевление на взаимной основе. Поддерживайте супруга или супругу по-товарищески и помогайте друг другу восстанавливать упавшую самооценку. Именно так выглядит духовный союз, а прийти к нему можно лишь в том случае, если в браке наличествует хотя бы определенный уровень самодисциплины.

Уважение — еще один важный аспект духовного брака. Вспомните те дни, когда вы только начинали ухаживать друг за другом. Согласитесь, тогда вы преподносили себя в лучшем свете, демонстрируя лишь свою светлую сторону.

Увы, вступая в брак, многие люди быстро дают слабину. Под этим я не подразумеваю, что расслабляться и вовсе не стоит — это ведь часть дружбы. С близким другом, как и в супружестве, вы должны иметь возможность немного расслабиться. Но быть непринужденным и развязным — разные вещи. В отношениях надобно вести себя естественно, не теряя при этом уважения к партнеру.

Поразмышляйте о том, какие родители были у Мастера: это в высшей степени идеальная пара. Из «Автобиографии йога» вы знаете, что перед возвращением мужа с работы жена наряжала детей в красивые одежды и встречала его с почтением, словно короля. Думаете, он, приходя домой, изливал свои проблемы и раздражение на нее? Никогда! Она относилась к нему как к королю, и он к ней как к королеве — с высочайшим уважением. Как и в случае с остальными божественными качествами, о которых мы сегодня говорим, такое отношение требует определенной степени самодисциплины.

Связующее звено между верностью и умеренностью

Следующий аспект — доверие, подкрепленное безоговорочной верностью партнеров. Это один из важнейших аспектов не только в браке, но и на духовном пути. Между ними наличествует глубокая взаимосвязь, поскольку, как говорил Мастер, ваш подход к отношениям с людьми переносится и на ваши отношения с Богом на духовном пути, а также с вашим гуру.

Сохранять верность в браке непросто, если муж и жена не придерживаются умеренности. Я говорю не о подавлении чувств, а о сублимации, преобразовании животного влечения в возвышенные чувства. Физическая связь должна являть собой проявление любви; если же это секс ради секса, сознание человека регрессирует, и он начинает относиться к своей половинке не к храму Божиему, а как к объекту для удовлетворения похоти. Секс не способен даровать совершенную удовлетворенность, которой все мы ищем, но некоторые люди склонны винить в этой проблеме супруга или супругу. Они заводят половых партнеров на стороне, в результате чего верность утрачивается. При отсутствии верности отсутствует и доверие — и брак летит под откос.

Я был рядом с Мастером, когда он помогал некоторым парам улаживать их разногласия в браке. Он давал именно те советы, в которых они нуждались. Я помню, как однажды он сказал — очень доброжелательно, очень мягко: «Вы утратили уважение друг к другу. Постарайтесь чуть меньше заниматься сексом: это углубит ваши отношения и вашу любовь».

Вера: безусловная поддержка

Еще один неотъемлемый элемент брака — вера, которая включает в себя моральную, духовную, психологическую и эмоциональную поддержку. Предположим, у мужа был тяжелый день на работе — возможно, у него не получилось выполнить определенную задачу. Верная жена ему скажет: «Если ты в чем-то не преуспел, считаешь себя неумехой — или даже весь мир считает тебя таковым, — я по-прежнему в тебя верю. Ты получишь от меня всю необходимую поддержку». Она может и не произносить этих слов, а поддержать его эмоционально или иным жестом. Муж, в свою очередь, должен оказывать жене аналогичную поддержку: «Я буду рядом с тобой, ибо ты моя жена. Ты мой самый близкий друг». В этом и заключается дружба и духовное супружество.

Впрочем, во многих браках вы можете наблюдать обратную картину: вместо того чтобы воодушевлять и поддерживать партнера, муж и жена разрывают друг друга на части. Это прискорбно. Мир и так делает достаточно, чтобы подорвать самооценку человека; друзья же должны ее поднимать, вселяя друг в друга веру в свои возможности. Такую веру и поддержку дарил своим ученикам Мастер. Мы определенно не блистали совершенством, но он давал нам понять: «Что бы ни случилось, я всегда буду рядом!»

Если супруги утрачивают доброту, уважение, верность и веру друг в друга, это еще не означает, что на браке пора ставить крест. Его можно возродить путем проявления этих качеств. Консультируя женатые пары, иной раз я видел практически разрушенные отношения; тем не менее, когда они проникались этими духовными принципами и начинали им следовать, их союз преображался: он выстраивался на более прочном фундаменте и становился глубже, чем когда-либо.

Ответы на вопросы

А сейчас я постараюсь ответить на часто задаваемые вопросы о распространенных проблемах супружества. Поднимая эту тему, мы никого не осуждаем и не критикуем — просто обсуждаем принципы, необходимые для понимания проблемы. В наше непростое время это особенно важно, поскольку моральные и духовные ценности современным обществом немало искажены.

Одна из самых распространенных проблем заключается в том, что многие ученики открывают для себя этот духовный путь уже после того, как вступили в брак. Зачастую супруг или супруга не одобряют эти учения и возмущаются, что его или ее половинка проводит какое-то время в медитации. Ситуация непростая — что же делать?

Мы всегда можем найти время — пусть даже чуточку — для медитации. Кроме того, мы должны помнить, что существует множество других факторов духовного развития. В числе важнейших — самоотверженность, поскольку эго, будучи самым труднопреодолимым препятствием, должно быть устранено.

Приведу вам пару иллюстраций. Одна дама мне поведала: «Когда я встала на духовный путь, мой супруг выступил всецело против этого и отнесся к моим усилиям в медитации с отторжением. Как результат, всем своим нутром я отторгла его самого». Спустя какое-то время она наткнулась в учениях Мастера на некую фразу, которая, по ее словам, «грянула как гром среди ясного неба. Она открыла мне глаза, и я осознала, что из-за своего негативного отношения к мужу я проводила весь день в негодовании. Я гордилась тем, что, в отличие от него, была ученицей, однако в итоге осознала, что такой подход сделал меня *менее* духовной, чем он. Вот тогда я изменилась: вместо того чтобы проводить часы напролет в негодовании, я практиковала Божье присутствие и молилась за мужа. Вы даже не представляете...» — «Очень даже представляю!» — перебил ее я. Она заключила: «Моя жизнь переменилась, и — вы не поверите — мой муж тоже». «Я верю», — ответил я.

Измените себя, а не свои обстоятельства

Бывало ли у вас такое, что вы читаете книгу Мастера и натыкаетесь на некую актуальную для вас мысль, которая «бьет прямо в точку»? У меня такое было, когда я читал письма Гьянаматы[9]. Как-то раз она молилась о большой трудности, с которой ей случилось

---

9 Гьянамата (санскр. «Мать мудрости») была одной из духовно возвышенных учениц Парамахансы Йогананды. Она преданно служила ему на протяжении двадцати шести лет — вплоть до своей кончины в 1951 году в возрасте восьмидесяти двух лет. Ее письма, адресованные Гуру и другим ученикам, объединены в книгу *God Alone: The Life and Letters of a Saint* (изд. Self-Realization Fellowship).

столкнуться. Она пишет: «Внезапно Бог поведал мне молитву, которой Он бы внял, и я тотчас же произнесла: „Не меняй обстоятельства моей жизни. Измени *меня*"». Я перечитывал эту фразу на протяжении тех лет, что работал в нашем голливудском кафе[10], где я занимался готовкой, мытьем посуды и так далее. Мы трудились посменно, поскольку рабочий день был длинным, и покинуть кухню удавалось только поздним вечером. В полдень, когда у меня выдавался свободный час или два, я отправлялся в свою комнату, чтобы помедитировать. Отмечу, что прямо за моим окном располагался автомобильный сервис. Автомеханики то и дело стучали по крыльям машин, и, поскольку им не нравился такой грохот, они заглушали свои стуки еще более громкими звуками радио!

Так вот, мое внутреннее «я» говорило: «Это просто испытание», а мой ум отвечал: «Да знаю я! Заткнись и не бери в голову!» Несмотря на ужасный шум, я старался медитировать. Я понимал, что это была своеобразная проверка: либо я слушаю громыхание и пытаюсь от него мысленно отстраниться, либо совершаю титаническое усилие по внутренней концентрации. Я продолжал пытаться, и, скажу я вам, это было одним из величайших благословений на моем духовном пути, ибо

---

[10] Этот ресторан, располагавшийся неподалеку от храма Self-Realization Fellowship в Голливуде, был закрыт в 1969 году: ввиду стремительного роста количества учеников SRF, персонал кафе был перераспределен на другие позиции внутри организации.

оно понуждало меня погружаться в центр Христа[11], дабы уводить внимание от этого мира и сосредотачивать его на Боге. Во время одной из таких полуденных медитаций я, несмотря на рокот, доносившийся с улицы, прошел через одно из глубочайших духовых переживаний в своей жизни. Неослабные усилия неизменно приносят нам плоды. Даже многообразные помехи не способны воспрепятствовать глубокой медитации.

Нужна ли церемония бракосочетания?

Далее мы рассмотрим такой вопрос: «Почему эта „бумажка" — имеется в виду свидетельство о заключении брака — так важна? Почему бы просто не ограничиться совместной жизнью?» В наши дни многие люди относятся к брачным обетам легкомысленно. Некоторые говорят: «Давай поженимся, а если у нас с тобой не срастется — мы всегда можем развестись». Это не брак. Как я отмечал ранее, истинное супружество должно быть основано на безоговорочной приверженности партнеров. Только в таком случае брак служит своей истинной цели. Посему свидетельство о заключении брака — не просто клочок бумаги, а обязательство, обет.

Кто-то говорит: «Во всяком случае, мы искренни». За годы моей службы в храме я неоднократно встречал людей, которые так думали и заявляли: «Мы уже

---

11 См. *центр Христа* и *духовное око* в глоссарии.

обменялись клятвами перед Богом — формальности брачной церемонии нам ни к чему». Однако при возникновении трудностей соблазн выйти из отношений гораздо сильнее, если у партнеров нет официального свидетельства о заключении брака.

Даже если пара очень искренна, это все равно неправильно. Знаете, почему? Дело в том, что мы живем не только для себя. Мы часть общества, и наш пример оказывает влияние на окружающих. Современное общество прилично удалилось от моральных законов. В глубине своего сердца вы можете быть уверены, что поступаете богоугодно, но, если вы *создаете впечатление*, что поступаете неправильно, другие люди подумают: «Такие вот они йоги, такие вот они последователи великого учения. Если они не следуют моральным законам — то и нам можно». Какими бы искренними вы ни были, внешний пример всегда будет оказывать влияние на окружающих. Мы «стражи брату своему».

Теперь мы обсудим такой вопрос: «Должны ли традиции бракосочетания идти в ногу со временем? Потеряют ли брачные заветы Парамахансаджи свою актуальность в грядущую эпоху или при значительном изменении мировой обстановки?». Ох уж эти умозрения! Ответ заключается в том, что людские законы подвержены переменам, законы же Божьи непреложны, они вечны. Институт брака придумал вовсе не человек, как можно предположить, а Бог. Он священен.

Брат Анандамой

Правильное отношение к сексу

Сегодня к сексу относятся очень легкомысленно. Один из красноречивых примеров — образ «плейбоя». Что он из себя представляет? Это задорный паренек в теле взрослого мужчины: незрелый, ненадежный, самолюбивый и невротичный; он считает необходимым доказать миру и себе, что он мужчина, герой, победитель. Однако подлинный — зрелый — победитель не заставляет других чувствовать себя повергнутыми. В истинных отношениях партнеры работают сообща: ни один из них не отходит на второй план.

То же относится к «прожигательницам жизни» — пусть даже этот образ несколько отличается от мужского. Как правило, женщина проявляет чувства на более глубоком уровне, нежели мужчина, и поэтому она больше заинтересована в любви как таковой, а не просто в физических связях. Однажды ко мне подошла молодая сударыня и поведала о многообразных отношениях, в которых она состояла. «Я реально ищу себе мужа», — заключила она. Я ответил: «Вы не можете привлечь к себе зрелого добропорядочного мужчину, будучи неразборчивы в связях. Так вы лишь привлекаете к себе мужчин аналогичного мировосприятия. Они не заинтересованы в вас, вас просто используют». После этого разговора она изменила свой образ жизни, и сейчас она замужем за мужчиной, а не «мальчуганом».

Многие люди в наше время относятся к сексу буднично, словно к приему пищи. Последствия такого подхода трагичны. Некоторые из них утверждают: «Нам необходимо жить вместе и заниматься любовью, чтобы проверить свою совместимость». Позвольте зачитать вам письмо, отправленное в колонку советов «Дорогая Эбби»:

«Я двадцатидвухлетняя свободная женщина, принимающая противозачаточные таблетки…». Как причудливо люди порой интерпретируют свободу, не правда ли? «Я считаю, — продолжает она, — что мой парень должен взять на себя половину расходов, потому что все это время за таблетки платила только я». Но погодите — это еще не все! «Проблема в том, что я недостаточно хорошо с ним знакома, чтобы обсуждать с ним финансы». И я не выдумал текст этого письма!

Есть один важный принцип, которому на протяжении тысячелетий учат нас писания и святые: дабы построить брак на божественной основе, мужчина и женщина должны в первую очередь сформировать крепкую дружбу. Это включает в себя и глубокую внутреннюю связь: они могут общаться на любые темы. Им не нужно нарушать морально-нравственные законы, чтобы получше узнать друг друга.

Моральные законы точны как наука

Я вовсе не пытаюсь внушить вам, что секс — это зло, что-то нечистое, неправедное и тому подобное. Секс создан Богом, и плохо именно *злоупотребление* им — о чем предупреждают нас священные писания. Почему? Эти нравственные нормы придуманы не для того, чтобы ограничить человечество, а напротив, чтобы помочь нам поскорее достичь божественной цели. Я говорю сейчас о вещах научных. К чему приводит легкомысленное отношение к сексу или злоупотребление им? Сознание человека остается сосредоточенным в нижней части позвоночника, в шестом центре[12]. А вот центр блаженного восприятия, которого все мы искали и ищем на протяжении сотен тысяч жизней, находится в продолговатом мозге, центре Христа и тысячелепестковом лотосе в головном мозге. Следовательно, если сознание человека сосредоточено в нижней части позвоночника, вероятность того, что он найдет Бога и обретет блаженное восприятие, равна нулю.

Вот почему все священные тексты, включая «Йога-сутры» Патанджали, на которых основана система Раджа-йоги и Крийя-йоги, акцентируют внимание на

---

[12] Согласно философии йоги, в человеческом мозге и спинномозговых сплетениях располагаются семь оккультных центров сознания и энергии. Йогические трактаты дают им следующие наименования: *муладхара* (копчиковый центр), *свадхистхана* (крестцовый центр), *манипура* (поясничный центр), *анахата* (грудной центр), *вишуддха* (шейный центр), *аджна* (центр Христа в межбровье, соединенный с продолговатым мозгом) и *сахасрара* (тысячелепестковый лотос в головном мозге). Без специфических сил, покоящихся внутри этих центров, тело было бы куском безжизненной массы. Примитивные материалистические инстинкты и мотивы человека берут начало в трех нижних позвоночных центрах. Верхние же центры являют собой источник божественного чувства, вдохновения и духовного восприятия. Природа мыслей и желаний человека определяет, в каких центрах энергии и активности сосредоточено его сознание.

моральных и этических нормах. Эти нормы представляют собой фундамент духовного развития, а если фундамента нет, сооружение будет рушиться, сколько его ни строй. Именно поэтому святые подчеркивают важность умеренности и сублимации: не секс ради секса, а как проявление любви. В таком случае хотя бы задействуется грудной центр в районе сердца (*анахата-чакра*) — а он, как объясняет Шри Юктешвар в своей книге *The Holy Science*, является дверью, ведущей к вышележащим центрам и блаженному восприятию. Это чистая наука. Все мироздание управляется законом, а человеку изменить Божьи законы не под силу.

Цивилизация зиждется на моральных законах

Профессор Кембриджского университета Джозеф Анвин изучил восемьдесят цивилизаций, существовавших на протяжении четырех тысяч лет, и заключил, что половая распущенность ведет общество к упадку, в то время как половая дисциплина порождает всплеск творческой энергии. Согласно его исследованиям, «всякое сообщество делает сознательный выбор либо в пользу генерации мощной энергии, либо в пользу наслаждения сексуальной свободой. Все факты свидетельствуют о том, что сочетать оба подхода в течение более чем одного поколения невозможно»[13].

---

13 Д. Д. Анвин, цитата по доктору Норману Винсенту Пилу. *Citizen News*, Лос-Анджелес, 2 мая 1964 года.

Наблюдая морально-нравственную деградацию современного общества, мы на самом деле видим упадок цивилизации. Мастер говорил: «Человеческая способность к разрушению сделалась куда сильнее его способности к созиданию, — под этим он подразумевал не только войну и оружие, но и наши мысли и действия. — Именно вам и мне надлежит оказать влияние [на ход мировых событий], а не кому-то еще. Начинать мы должны с себя. Не приуменьшайте свои возможности. Сделайте что-то для этого мира — освободите других людей». Даруйте им освобождение не разговорами, а собственным примером. На последователе духовного пути лежит большая ответственность: ему надобно бороться с упадком современного общества. Начинать мы должны с себя: у нас есть учение, у нас есть понимание, у нас есть наука Йоги, а именно высшие техники духовного преобразования жизни.

Развод

Другой распространенный вопрос, который нам часто задают: «Как SRF относится к разводу?». В *Уроках Self-Realization Fellowship* Мастер говорит: «Муж и жена должны сохранять обоюдную верность и делать друг друга счастливее во всех отношениях. Духовная жена не должна оставлять недуховного мужа, и духовный муж не должен оставлять недуховную жену: они должны стараться оказывать влияние и помогать друг другу до тех пор, пока это возможно». Развод оправдан только в том случае, если ситуация безвыходная и было предпринято искреннее усилие по восстановлению гармонии в браке.

Хотелось бы красноречиво проиллюстрировать корреляцию этого аспекта с духовным путем. Доктор Сидней Шармин, психиатр и семейный консультант, писал: «В своей профессиональной деятельности в области семейной консультации я имел дело с такими случаями, в которых развод и более поздний брак оборачивались благом. Я выражаю это мнение как врач, наблюдающий исключительно за аспектом искоренения невротических симптомов». То есть он оценивает ситуацию не с точки зрения нравственности или духовного закона, а строго как врач. Далее он продолжает: «Однако я вынужден отметить, что на каждый случай удачного для пациента развода приходятся десятки случаев, не принесших благоприятного исхода. Многие мужчины и женщины просто переносят во второй и третий брак те же факторы, которые послужили причиной первого развода: тот же эгоизм, то же невротическое поведение, ту же эмоциональную незрелость, на которые накладывается нежелание самостоятельно все уладить, поскольку человек уже привык убегать от брачных невзгод и проблем»[14]. Это жесткие слова, но исходят они не от проповедника, а от врача, специалиста.

---

14 Сидней Шармин. *Psychiatry: The Ten Commandments and You* (Изд. Dodd Mead, 1967 год).

Аналогичное происходит с некоторыми людьми и на духовном пути. Они начинают со жгучим энтузиазмом, но спустя непродолжительное время обнаруживают, что от них требуются усердие, терпение, выдержка и бескорыстие. Тогда они принимаются искать что-то попроще, надеясь найти учение, в котором им не нужно будет предпринимать усилие. Сей подход проистекает из той же эмоциональной незрелости, которая побуждает людей бежать от супружеских проблем, вместо того чтобы их разрешать. Однако нам не удастся сбежать из школы. Мы находимся в школе, сотворенной Богом с целью преподать нам уроки, необходимые для нашего духовного развития. Мы не можем убежать от кармических обстоятельств: нам придется встретиться с ними лицом к лицу и преодолеть их[15].

Как бы то ни было, в некоторых случаях развод является оправданной мерой — но только если было предпринято исчерпывающее усилие по решению проблемы. Некоторые из вас уже через это прошли; для вас я хотел бы процитировать слова Шри Юктешварджи — этого властелина мудрости и совершенного человеческого понимания — из «Автобиографии йога»: «Забудь минувшее. Прошлое каждого омрачено постыдными мыслями и делами… В будущем все станет лучше, если ты делаешь духовное усилие сегодня».

---

15 См. *карма* в глоссарии.

Не оглядывайтесь назад. Многие наши ошибки стали результатом непонимания нами каких-то вещей. Теперь мы должны смотреть вперед и заниматься созиданием, напитавшись свежим осознанием духовных принципов, свежим энтузиазмом. Созидайте не только для себя, но и для нашего общества, для нашей цивилизации.

Брак и духовная восприимчивость

В начале лекции я сказал, что без интуиции, пробужденной в процессе духовного развития, мужчина не может в полной мере понять женщину, а женщина не может в полной мере понять мужчину. Сейчас я постараюсь проиллюстрировать вам глубокую взаимосвязь и важность этой интуитивной восприимчивости в браке и на духовном пути.

Некогда одна журналистка из Европы отправилась в Индию, чтобы написать статью о святом. Когда она прибыла в пункт назначения, он проводил *сатсангу*[16]. Ввиду того, что на духовное собрание приехало множество адептов, она не смогла разместиться рядом со святым и села позади. Оттуда уй удалось разглядеть лица учеников, двое из которых были европейцами, а остальные — индийцами. Она заметила, что глаза и лица европейцев отражали дотошность и тягу к сухим знаниям,

---

[16] Буквально «единение с истиной». *Сатсангой* обычно называют неформальное собрание искателей истины, на котором духовный лидер говорит экспромтом.

в то время как индийцы лучились восприимчивостью. Такой контраст ее немало удивил.

В этом вся история. Мы никогда не сможем познать Бога своей интеллектуальной любознательностью и тягой к сухим знаниям. Никогда! Западные философы столетиями пытались познать Абсолют посредством умозаключений — и безуспешно. И им никогда этого не удастся, ибо интеллект является весьма ограниченным инструментом.

Йогические техники ведут нас в сферу внутренней тишины, где и начинается медитация, общение с Божественным. Все святые — христианские, индуистские и так далее — утверждают, что в этот момент мы должны сказать: «Разум, стихни!» Есть только один способ добиться Божьего отклика: отставить тягу к сухим знаниям, отставить самолюбие, отставить эго и рассудок! В грядущем внутреннем спокойствии старайтесь *чувствовать и быть восприимчивым* — именно тогда к вам придет Бог.

Тот же принцип применим к знакомству с другим человеком. Я сейчас обращаюсь преимущественно к мужчинам, поскольку пытливость в этом вопросе в основном присуща именно им: при выборе половинки они задействуют рассудок. Рассудок позволяет нам разглядеть лишь внешнюю оболочку, и, как говорил Мастер, мужчины не понимают, что теряют, если смотрят лишь на внешность. Умом женщину не познать, дедукция и себялюбие человеческого эго делу тоже не помогут. Аналогично этому, женщина не сможет понять мужчину подобным образом, хотя она, как правило, руководствуется в этом вопросе чувством. В начале духовного пути женщина более интуитивна, чем мужчина, но со временем оба развивают в себе чистые божественные качества.

Истинное супружество порождает вселенское сознание

Из этого следует, что в духовном браке партнеры заглядывают глубже, под затеняющий душу «абажур» тела, эмоций и поверхностного ума («низший» чувственный ум, на санскрите именуемый *манасом*). Чтобы достичь более глубокого уровня понимания и по-настоящему *познать* человека, себялюбие и придирчивость эго должны уйти — вместе с поверхностным суждением и пытливостью.

Один автор прекрасно описал «мост» между двумя открывающимися друг другу душами: «Сей незримый мост между двумя [людьми] стал бы признаком совершенного взаимопонимания и истинного товарищества. Такое состояние может произрасти только в почве взаимного уважения, восхищения, благодарности, верности, уважения и обоюдного желания делиться лучшим, что у них есть». Вот так выглядит истинная дружба и истинное, *духовное* супружество. Он продолжает: «Это порождает некую магическую алхимию, в которой каждый [из них], не жертвуя уникальностью собственной индивидуальности, пребывает в гармонии с партнером, в результате чего создается впечатление, что они функционируют как единое целое»[17].

Как мы видим, это возвращает нас к завету Мастера: мужчине и женщине надлежит помогать друг другу развивать истинные божественные качества. По достижении этой цели мужчина и женщина, муж и жена, обретают освобождение: сперва они объединяются друг с другом, а позднее — сливаются с Богом. В этом и заключается суть брака. Посредством медитации и бескорыстия, посредством глубокого общения и понимания друг друга, Всевышний в одном человеке встречает Всевышнего в другом, образуя союз душ. За этим автоматически следует духовное раскрытие и осознание того, что Всевышний, скрывающийся во мне и супруге, прячется и во всех других существах.

Таким вселенским сознанием обладают святые. Святой Франциск, например, говорил о «моих сестрах звездах», «сестричке Луне», «брате Солнце», «моих братьях цветах», «сестрах птичках», «брате дожде», «брате волке», «сестре смерти». В этом единстве Божественного Сознания не существует такой вещи,

---

[17] Дж. Аллен Бун. *Kinship With All Life* (Изд. Harper & Row, Нью-Йорк, 1954 год).

как смерть: все есть Он. Как однажды сказал Мастер: «Найдя Тебя внутри, я найду Тебя и вовне — во всех людях и обстоятельствах».

Учения Мастера дают нам понимание того, как должен выглядеть истинный брак и какова его настоящая цель, а также демонстрируют нам, как этой цели достичь. Как просто он выразился: «Сделайте что-то для этого мира — сотворите благо ради других». Поразмыслите об этом. Это одарит благословением не только вас и вашу семью: ваш пример поможет обрести освобождение другим людям и вернуть их к Божьим законам — и к Самому Богу.

Об авторе

Брат Анандамой (1922–2016) — прямой ученик Парамахансы Йогананды. Родился неподалеку от Цюриха, Швейцария. Вскоре после приезда в США в 1948 году для обучения у архитектора Фрэнка Ллойда Райта, он прочитал «Автобиографию йога» и отправился в Лос-Анджелес, чтобы встретиться с ее автором, Парамахансой Йоганандой. Спустя несколько месяцев он вступил в ашрам Парамахансы Йогананды в качестве монаха Self-Realization Fellowship, где в последующие несколько лет проходил духовное обучение лично у Шри Йогананды.

Брат Анандамой был членом совета директоров Self-Realization Fellowship, а также заведовал духовным наставлением монахов, живущих в монашеских общинах SRF. На протяжении более четырех десятилетий он много путешествовал по США, Европе и Индии и стал одним из самых любимых и уважаемых монахов SRF. Он повсеместно воодушевлял аудиторию своими четкими, содержательными и вдохновенными лекциями по учениям Парамахансы Йогананды. Многие из его лекций и занятий по науке и философии йоги, как признанного авторитета в этой области, были записаны на пленку на благо будущих поколений.

В статье Секретариата Организации Объединенных Наций, посвященной одной из его лекций в нью-йоркском отеле «Уолдорф-Астория», говорится: «Брат Анандамой излучает естественную теплоту и чарующий шарм швейцарца. Утонченное чувство юмора и проницательный ум делают его прирожденным лектором, способным очаровывать аудиторию где бы то ни было. Его слушатели исполняются трепета и благодарности, узнавая о том, что существуют практические методы обретения гармонии и благоденствия тела, ума и души, что кажется весьма непростой задачей в эту атомную эпоху суматошной активности и всевозможных стрессов».

Аудиозаписи лекций брата Анандамоя

Kriya Yoga: Divine Dispensation for Our Awakening Age
Is Peace Possible in Today's World?
Spiritual Marriage
Kriya Yoga: Portal to the Infinite
The Importance of a True Guru
Devotion: Understanding Its Deeper Aspects in the Search for God
Loyalty: The Highest Spiritual Law

О Парамахансе Йогананде
(1893–1952)

«В жизни Парамахансы Йогананды в полной мере проявился идеал любви к Богу и служения человечеству... Хотя большую часть своей жизни Йогананда провел за пределами Индии, он тем не менее занимает особое место среди наших великих святых. Его работа продолжает приносить свои плоды и сияет все ярче, привлекая людей всего мира на путь духовного паломничества».

— из сообщения индийского правительства, посвященного выпуску памятной марки в честь Парамахансы Йогананды

Парамаханса Йогананда родился в Индии 5 января 1893 года. Он посвятил свою жизнь служению людям всех рас и вероисповеданий, помогая им осознать и полнее выразить в своей жизни истинную красоту, благородство и божественность человеческого духа.

По окончании Калькуттского университета в 1915 году Парамаханса Йогананда принял обет монаха древнего индийского монашеского ордена Свами. Двумя годами позже он приступил к главному труду своей жизни — духовному наставничеству, основав йогическую школу («how-to-live» school). Сегодня во всей Индии уже насчитывается двадцать одно учебное заведение такого рода, где традиционные школьные предметы сочетаются с практикой йоги и воспитанием духовных идеалов. В 1920 году его пригласили на Международный конгресс религиозных либералов в Бостоне в качестве представителя от Индии. Его выступление на конгрессе и последовавшие за ним лекции в городах Восточного побережья США были приняты с огромным энтузиазмом, и в 1924 году он отправился в трансконтинентальное лекционное турне.

На протяжении трех последующих десятилетий Парамаханса Йогананда вносил неоценимый вклад в распространение на Западе теоретических и практических знаний о духовной мудрости Востока. В 1920 году он основал религиозную организацию, объединяющую людей разных конфессий, — общество Self-Realization Fellowship — и разместил ее главный международный центр в Лос-Анджелесе. Написав множество трудов, совершив ряд больших лекционных турне и основав многочисленные храмы и медитационные центры SRF, он сумел познакомить тысячи искателей истины с древней философией йоги и ее универсальными методами медитации.

В наши дни его духовная и гуманитарная работа продолжается под руководством брата Чидананды, президента Self-Realization Fellowship/Yogoda Satsanga Society of India. Помимо издания письменных трудов Парамахансы Йогананды, его лекций, неформальных бесед и всеобъемлющей серии *Уроков Self-Realization Fellowship*, общество курирует работу храмов, ретритов, медитационных центров и монашеских общин Self-Realization Fellowship, а также Всемирного круга молитвы.

Освещая в своей статье жизнь и труд Парамахансы Йогананды, доктор наук и профессор кафедры древних языков в колледже Скриппс Куинси Хау-младший написал о нем следующее: «Парамаханса Йогананда принес из Индии не только вечную надежду на постижение Бога, но и практический метод, при помощи которого духовные искатели разных толков могут быстро продвигаться к этой цели. Духовное наследие Индии, первоначально признанное на Западе лишь на уровне чего-то возвышенного и абстрактного, стало доступным в наше время в виде практического опыта для всех тех, кто стремится познать Бога — не по ту сторону, а здесь и сейчас… Самый возвышенный метод созерцания Йогананда сделал доступным для всех».

Глоссарий

Аватар (avatar). От санскр. *avatara* («нисхождение»); тот, кто обретает единство с Духом, а затем возвращается на землю, чтобы помогать человечеству.

Астральный мир (astral world). Тонкая сфера света и энергии, лежащая в основе физического мира. Каждое существо, каждый предмет, каждая вибрация в физическом мире имеет своего астрального двойника, поскольку астральный мир («небеса») содержит в себе энергетическую копию физического мира. Более подробное описание астрального и еще более тонкого каузального (идеального) мира можно найти в 43-главе книги Парамахансы Йогананды «Автобиография йога».

Аум (Ом) (Aum, Om). Санскритское корневое слово-звук, символизирующее тот аспект Всевышнего, который творит все сущее и поддерживает в нем жизнь; основа всех звуков; Космическая Вибрация. У тибетцев ведический *Аум* стал священным словом *Хам*; у мусульман — *Амин (Аминь)*; у египтян, греков, римлян, иудеев и христиан — *Аминь*. Мировые религии утверждают, что все сотворенное рождается в космической вибрационной энергии *Аум* (Аминь, Слово, Святой Дух). «В начале было Слово, и Слово было у Бога, и Слово было Бог... Все чрез Него начало быть, и без Него ничто не начало быть, что начало быть» (Ин. 1:1, 3).

Ашрам (ashram). Духовная обитель, часто — монастырь.

Бхагавад-Гита (Bhagavad Gita). «Песнь Господня»; древнее священное писание Индии, часть эпического сказания «Махабхарата». Представленная в форме диалога между *аватаром* Господом Кришной и его учеником Арджуной накануне исторической битвы на Курукшетре, Бхагавад-Гита является глубоким трактатом о йоге — науке единения с Богом — и вечным рецептом счастья и успеха в повседневной жизни.

Бхагаван Кришна (Господь Кришна). *Аватар*, живший в Древней Индии за много веков до рождения Иисуса Христа. Его учение о Йоге представлено в священной *Бхагавад-Гите*. В индуистских писаниях слово «Кришна» имеет несколько значений, одно из которых — «Всеведущий Дух». Поэтому «Кришна», как и «Христос», — это духовный титул, обозначающий божественное величие *аватара*, его единство с Богом.

Гуру (Guru). Духовный учитель. *Гуру-гита* (стих 17) метко описывает гуру как «того, кто рассеивает тьму» (от *гу* — «тьма» и *ру* — «тот, кто рассеивает»). Зачастую так называют любого учителя или инструктора, что само по себе ошибочно. Истинный, просветленный гуру — это тот, кто обрел власть над самим собой и осознал свое тождество с вездесущим Духом. Только такой гуру обладает надлежащей духовной квалификацией для того, чтобы направлять богоискателя в его внутреннем духовном поиске.

Ближайшим эквивалентом термина *гуру* на английском языке выступает слово «Мастер». Именно его зачастую используют ученики при уважительном обращении к Парамахансе Йогананде или его упоминании.

Духовное око (spiritual eye). Единое око интуиции и вездесущего восприятия в центре Христа (*Кутастха*), расположенном в межбровье; врата в наивысшие состояния сознания. В глубокой медитации духовное, или «чистое», око можно узреть в виде сияющего золотого кольца, обрамляющего темно-синюю сферу, внутри которой горит яркая звезда. Этот всеведущий глаз упоминается в священных писаниях как «третий глаз», «звезда Востока», «внутренний глаз», «голубь, сходящий с небес», «глаз Шивы» и «глаз интуиции».

Иисус также говорил о духовном оке: «Светильник для тела есть око. Итак, если око твое будет чисто, то и все тело твое будет светло...» (Мф. 6:22).

Йога (от санскр. *yuj* — «единение») — единение индивидуальной души с Духом, а также методы, с помощью которых достигается это единение. Существуют различные методы йоги; Парамаханса Йогананда обучал *Раджа-йоге* — «царственной», или «совершенной», йоге, которая делает акцент на практике научных техник медитации. Мудрец Патанджали, выдающийся толкователь йоги, выделил восемь ступеней, ведущих практикующего *Раджа-йогу* к *самадхи* (единению с Богом), а именно: (1) *яма*, нравственное поведение; (2) *нияма*, соблюдение религиозных предписаний; (3) *асана*, правильная поза для достижения неподвижности тела; (4) *пранаяма*, контроль над *праной*, тонкими жизненными токами; (5) *пратьяхара*, самоуглубление; (6) *дхарана*, концентрация; (7) *дхьяна*, медитация; (8) *самадхи*, состояние сверхсознания.

Карма (karma). Последствия действий, свершенных в этой или в прошлых жизнях. Кармический закон есть закон действия и противодействия, причины и следствия, сеяния и пожинания. Каждый человек сам формирует свою судьбу своими мыслями и действиями. Та энергия, которую он сам — благоразумно или же по собственному неведению — приводит в действие, должна вернуться к нему как к своей исходной точке, подобно тому, как круг неизбежно замыкает самого себя. Понимание кармы как закона справедливости помогает освободить человеческий разум от обид на Бога и человека. Карма неотделима от человека и следует за ним от инкарнации к инкарнации — до тех пор, пока она не будет отработана или преодолена духовно. (См. *реинкарнация*.)

Космическое Сознание (Cosmic Consciousness). Абсолют; Дух за пределами мироздания. Этот термин также обозначает достигаемое в медитации состояние *самадхи* — единение с Богом как внутри вибрационного мироздания, так и за его пределами.

Крийя-йога (Kriya Yoga). Священная духовная наука, зародившаяся в Индии несколько тысячелетий назад. Будучи формой *Раджа-йоги*, она включает в себя продвинутые техники медитации, которые ведут к прямому контакту с Богом. Подробное описание *Крийя-йоги* дается в 26-ой главе «Автобиографии йога», а получить саму технику могут ученики SRF, подписавшиеся на *Уроки Self-Realization Fellowship Lessons* и выполнившие определенные духовные требования.

Кришна (Krishna). См. *Бхагаван Кришна*.

Майя (maya). Заложенная в структуре мироздания космическая иллюзия, из-за которой Единое Целое представляется множеством. *Майя* — это принцип относительности, контрастности, двойственности, противоположности; это Сатана (ивр. — «противник») в Ветхом Завете. Шри Йогананда писал: «На санскрите слово *майя* буквально означает „измеритель"... *Майя* — это магическая сила в мироздании, из-за которой в Неизмеримом и Нераздельном возникает видимость ограничений и деления... Единственная функция Сатаны (то есть *майи*) в божественном замысле-игре (*лиле*) состоит в том, чтобы отвлекать человека от Духа к материи, от Реальности к ирреальному… *Майя* — это покров преходящих состояний в Природе, бесконечного рождения новых форм; это покров, который каждый человек должен отбросить, чтобы увидеть за ним Творца, неизменяемое Неизменное, вечную Реальность».

Парамаханса (Paramahansa). Титул духовного мастера, достигшего высшего состояния неразрывного единения с Богом. Только истинный гуру может присвоить этот титул своему достойному ученику. Свами Шри Юктешвар присвоил этот титул Парамахансе Йогананде в 1935 году.

Сатана (Satan). См. *майя*.

Самадхи (Samadhi). Духовный экстаз; опыт сверхсознания; в высшем смысле — единение с Богом как с высшей Реальностью, пронизывающей все сущее.

Самореализация (Self-realization). Парамаханса Йогананда дал следующее определение Самореализации как осознания своего истинного «Я»: «Самореализация — это знание телом, умом и душой, что мы едины с вездесущностью Бога и нам не нужно молиться о ней; что она не просто рядом с нами в каждый миг нашей жизни, но что вездесущность Бога — это наша собственная вездесущность и мы сейчас — такая же часть Бога, какой будем всегда. Нам нужно лишь усовершенствовать это знание».

Реинкарнация (Reincarnation). Теория реинкарнации подробно рассматривается в 43-й главе «Автобиографии йога» Парамахансы Йогананды. Там объясняется, что, согласно закону *кармы*, прошлые действия людей порождают определенные последствия, которые притягивают их обратно в материальный мир. Они возвращаются на землю жизнь за жизнью, чтобы проходить через переживания, являющие собой результат этих действий, и продолжать процесс духовной эволюции, чтобы в конечном итоге постичь совершенство души и обрести единение с Богом.

Христово Сознание (Christ Consciousness). «Христос», или «Христово Сознание», суть спроецированное сознание Бога, присущее всему вибрационному мирозданию. Оно же Единородный Сын в Библии, единственно чистое отражение Бога Отца во всем сущем. В индуистских священных писаниях оно называется *Кутастха Чайтанья* - космический разум Духа, пронизывающий все мироздание. Это то универсальное, единое с Богом Сознание, которое было проявлено в Иисусе, Кришне и других *аватарах*. Святые и йоги знают его как состояние *самадхи*, в котором сознание отождествляется с разумом каждой частицы мироздания; они ощущают Вселенную как свое собственное тело.

Я (Self). С заглавной буквы означает *атман* (душа, божественная суть человека); с маленькой буквы — малое «я», то есть человеческая личность, эго. Высшее «Я» есть индивидуализированный Дух, чья истинная природа — вечно сущее, вечно сознательное, всегда новое Блаженство.

Книги Парамахансы Йогананды на русском языке

Издательство Self-Realization Fellowship

«Автобиография йога»

«Вечный поиск»

«Божественный роман»

«Путь к Самореализации»

«Закон успеха»

«Как говорить с Богом»

«Метафизические медитации»

«Научные целительные аффирмации»

«Религия как наука»

«Высказывания Парамахансы Йогананды»

«Внутренний покой»

«Там, где свет»

«Почему Бог допускает зло»

«Быть победителем в жизни»

«Жить бесстрашно»

В издательстве «София» (www.sophia.ru) можно приобрести следующие книги:

«Автобиография йога»

«Бхагавадгита: Беседы Бога с Арджуной»

Другие издания
Self-Realization Fellowship
на русском языке

«Только любовь»
Шри Дайя Мата

«Как найти радость внутри себя»
Шри Дайя Мата

«Отношения между гуру и учеником»
Шри Мриналини Мата

«Проявление Божественного сознания в повседневной жизни»
Шри Мриналини Мата

Книги
Парамахансы Йогананды
на английском языке

Доступны напрямую у издателя:
Self-Realization Fellowship
3880 San Rafael Avenue • Los Angeles, California 90065-3219
Тел. +1 (323) 225-2471 • *Факс* +1 (323) 225-5088
www.srfbooks.org

Autobiography of a Yogi

Autobiography of a Yogi
(Аудиокнига, читает Сэр Бэн Кингсли)

The Second Coming of Christ:
The Resurrection of the Christ Within You
Комментарий-откровение изначального учения Христа

God Talks with Arjuna: The Bhagavad Gita
Новый перевод и комментарии

Man's Eternal Quest
Первый том собрания лекций, эссе и неформальных бесед
Парамахансы Йогананды

The Divine Romance
Второй том собрания лекций, эссе и неформальных бесед
Парамахансы Йогананды

Journey to Self-Realization
Третий том собрания лекций, эссе и неформальных бесед
Парамахансы Йогананды

Wine of the Mystic:
The Rubaiyat of Omar Khayyam — A Spiritual Interpretation
Вдохновенный комментарий, проливающий свет на мистическую науку общения с Богом, на которую указывают таинственные образы «Рубайята»

Where There Is Light:
Insight and Inspiration for Meeting Life's Challenges

Whispers from Eternity
Собрание вдохновенных молитв Парамахансы Йогананды и его запечатленных переживаний во время общения с Богом в высших стадиях медитации

The Science of Religion

The Yoga of the Bhagavad Gita:
An Introduction to India's Universal Science of God-Realization

The Yoga of Jesus:
Understanding the Hidden Teachings of the Gospels

In the Sanctuary of the Soul:
A Guide to Effective Prayer

Inner Peace:
How to Be Calmly Active and Actively Calm

To Be Victorious in Life

Why God Permits Evil and How to Rise Above It

Living Fearlessly:
Bringing Out Your Inner Soul Strength

How You Can Talk With God

Metaphysical Meditations
Более трехсот вдохновенных медитаций и одухотворенных молитв и аффирмаций Парамахансы Йогананды

Scientific Healing Affirmations
Парамаханса Йогананда дает здесь глубокое объяснение принципу действия целительных аффирмаций

Sayings of Paramahansa Yogananda
Короткие истории, в которых запечатлены искренние, пронизанные любовью советы и наставления Парамахансы Йогананды всем тем, кто обращался к нему за духовным руководством

Songs of the Soul
Мистическая поэзия Парамахансы Йогананды

The Law of Success
В этой книге Парамаханса Йогананда объясняет динамические принципы достижения целей

Cosmic Chants
Слова и музыка к шестидесяти духовным песням на английском языке; также прилагается вводная статья о том, как духовное пение способствует общению с Богом

DVD (документальный фильм)

Awake:
The Life of Yogananda
Отмеченный наградами документальный фильм о жизни и работе Парамахансы Йогананды

Другие брошюры серии «Искусство жить»

Парамаханса Йогананда
Answered Prayers

Focusing the Power of Attention for Success

Harmonizing Physical, Mental, and Spiritual Methods of Healing

Healing by God's Unlimited Power

How to Cultivate Divine Love

How to Find a Way to Victory

Remolding Your Life

Where Are Our Departed Loved Ones?

World Crisis

Шри Дайя Мата
How to Change Others

Overcoming Character Liabilities

The Skilled Profession of Child-Rearing

Шри Мриналини Мата
The Guru-Disciple Relationship

Брат Анандамой
Closing the Generation Gap

Spiritual Marriage

Брат Бхактананда
Applying the Power of Positive Thinking

Брат Премамой
Bringing Out the Best in Our Relationships With Others

Парамаханса Йогананда
«Автобиография йога»

Эта знаменитая автобиография представляет собой блестящий портрет одного из величайших духовных деятелей нашего времени. Подкупая своей искренностью и неподражаемым чувством юмора, Парамаханса Йогананда ярко описывает вдохновляющие события своей жизни: неординарные переживания детства; встречи с мудрецами и святыми в пору юношества, когда он ездил по Индии в поисках просветленного учителя; десять лет духовного обучения в ашраме под руководством глубоко почитаемого мастера йоги и тридцать лет духовного наставничества в Америке. Он также запечатлел свои встречи с Махатмой Ганди, Рабиндранатом Тагором, Лютером Бербанком, католической стигматисткой Терезой Нойман и другими знаменитыми духовными личностями Востока и Запада.

«Автобиография йога» представляет собой одновременно увлекательнейший рассказ о совершенно необыкновенной жизни и основательное введение в древнюю науку йоги с ее освященной веками традицией медитации. Автор четко объясняет тонкие, но неизменно действующие законы, стоящие как за обыкновенными событиями повседневной жизни, так и за необыкновенными, которые принято называть чудесами. Захватывающее повествование об удивительной жизни перетекает в проникновенный и незабываемый экскурс в глубочайшие тайны человеческого бытия.

«Автобиография йога», уже ставшая современной классикой, переведена более чем на пятьдесят языков и широко используется в колледжах и университетах в качестве авторитетного справочника. Неизменный бестселлер со дня своего появления в печати более семидесяти лет назад, она нашла свой путь к сердцам миллионов читателей во всем мире.

«Исключительно ценная работа»

— *The New York Times*

«Очаровательное, снабженное исчерпывающими комментариями исследование»

— *Newsweek*

«Ни на английском, ни на каком-либо другом европейском языке йога еще не была представлена подобным образом»

— *Columbia University Pres*

Уроки
Self-Realization Fellowship

Личные наставления и инструкции Парамахансы Йогананды по техникам йогической медитации и принципам духовной жизни

Если вы чувствуете тягу к познанию духовных истин, описанных в этой брошюре, мы предлагаем вам подписаться на *Уроки Self-Realization Fellowship* (*Self-Realization Fellowship Lessons*).

Парамаханса Йогананда разработал эту серию уроков для домашнего обучения с той целью, чтобы искренние искатели имели возможность самостоятельно изучать и практиковать древние йогические техники медитации, которые он представил Западу, — включая науку *Крийя-йоги*. *Уроки SRF* содержат, помимо прочего, практическое руководство по обретению сбалансированного физического, психологического и духовного благополучия.

Уроки Self-Realization Fellowship распространяются за символическую плату, чтобы покрыть расходы по печати и отправке материалов по почте. Все обучающиеся могут рассчитывать на бесплатную консультацию по практическим аспектам уроков со стороны монахов и монахинь общества Self-Realization Fellowship.

Если вы желаете знать больше…

Пожалуйста, посетите веб-сайт www.srflessons.org, чтобы запросить брошюру с исчерпывающей информацией по *Урокам SRF*.

www.ingramcontent.com/pod-product-compliance
Lightning Source LLC
Chambersburg PA
CBHW031426040426
42444CB00006B/703

*9 7 8 1 6 8 5 6 8 2 8 2 8 *